# NOTICE

SUR

# M. L'ABBÉ JEAN MEUNIER.

# NOTICE



SUR

## M. L'ABBÉ JEAN MEUNIER,

**Curé D'Oncieu (Ain) décédé le 7 mars 1863.**

## QUELQUES TRAITS DE SA VIE SACERDOTALE.

Parmi les pertes nombreuses que le Clergé du diocèse de Belley a faites pendant 1863, il en est une, celle de M. l'abbé JEAN MEUNIER, qui a passé presque inaperçue, et sur laquelle les feuilles publiques, assez empressées ordinairement à consacrer quelques lignes aux hommes vertueux qui disparaissent du milieu de nous, ont gardé le silence. Cependant ce prêtre avait une grande âme, une vertu peu commune. La vivacité de sa foi, l'ampleur de sa charité, la sensibilité de son cœur ont paru dans tout leur éclat au milieu du petit troupeau confié à sa vigilance et à son amour.

Pour condescendre aux pressants désirs de plusieurs amis du vénérable défunt, essayons d'esquisser cette vie tout empreinte du zèle de la gloire de Dieu et de l'amour de ses frères. La vertu en action a des charmes auxquels on résiste difficilement : Les bons, en y applaudissant, sentent augmenter leur courage pour le bien, et ceux qui n'ont point la force de la pratiquer l'admirent néanmoins dans les autres et lui rendent un sincère hommage.

*Oncieu,* petite commune du canton de St-Rambert (1), ren-

---

(1) Située à 5 kil. de cette localité, dans la montagne, sur la gauche du chemin de fer de Lyon à Genève.

fermant environ 270 âmes, n'était point érigée en paroisse spéciale. Il ne pouvait en être autrement, car elle n'avait pu obtenir jusque-là de l'Etat le titre de succursale, elle ne possédait pas de presbytère et une masure tombant en ruine lui servait d'église où de temps à autre un prêtre du voisinage venait faire le service religieux. Toutefois, l'Evêque du diocèse, Mgr Devie dont la mémoire nous est toujours chère, touché des supplications réitérées des habitants de ce village, voulut combler leurs vœux. Il fallait, pour ce poste si peu attrayant selon les idées du siècle, un homme de foi et de courage. Le Prélat crut trouver cet homme dans M. l'abbé Meunier qui s'exerçait depuis plusieurs années au saint ministère d'abord à Gorrevod, puis à Priay. C'était en 1836. Le jeune Vicaire, à la voix de son Chef spirituel, accourut à Oncieu. La population le reçut avec les démonstrations de la joie la plus vive, heureuse de posséder enfin un prêtre au milieu d'elle. M. l'abbé Meunier comprit, après la visite des lieux, quels travaux il lui faudrait entreprendre, quels sacrifices il aurait à s'imposer là où tout était à créer, église, presbytère, sans pouvoir espérer d'y obtenir les ressources nécessaires en une telle situation. Son courage n'en fut pas ébranlé; il ne prit conseil que de sa foi et de sa confiance en Dieu; il adopta ce petit troupeau qui venait de lui être confié, disposé à se dévouer à lui le reste de ses jours.

Dès son entrée en fonctions, le nouveau Curé se fit remarquer par sa douceur et sa modestie dans les visites qu'il fit à ses paroissiens, et par la dignité avec laquelle il célébrait les divins offices. A l'imitation de beaucoup de prêtres expérimentés, ses instructions simples et pleines d'onction eurent d'abord pour objet l'explication raisonnée du Catéchisme, ce code succinct de la Religion à la portée de tous et qui prête à de si intéressants développements. M. le Curé ne fut pas longtemps sans s'apercevoir des fruits que produit toujours cette méthode.

Mais, persuadé que, pour renouveler l'esprit d'une paroiss
il faut nécessairement donner une bonne direction à la jeu
nesse, M. l'abbé Meunier prit une résolution qui a été le
premier acte de sa vie dévouée. Il n'y avait pas d'instituteur à
Oncieu, par conséquent on ne comptait presque point d'enfants
qui eussent les premières notions de l'instruction élémentaire.
M. le Curé se détermine à ouvrir lui-même une école; il an-
nonce son projet en chaire; il déclare qu'il n'exigera aucun
salaire et que pauvres et riches seront reçus avec les mêmes
élans de charité. Les pères de famille répondirent avec empres-
sement à un appel aussi cordial; et, pendant l'espace de dix
ans, c'est-à-dire, jusqu'au moment où un instituteur communal
put être installé, M. Meunier s'est livré à ce dur labeur sans
autre rémunération que quelques provisions de ménage appor-
tées de temps à autre par les habitants d'Oncieu, remplis
d'admiration pour la conduite de leur Curé.

La paroisse d'Oncieu était privée d'une maison curiale; le
Pasteur vivait sous un toit d'emprunt. M. Meunier forma le des-
sein de travailler à une construction aussi importante. Il ouvrit
à cette fin une souscription volontaire qui ne produisit que
quelques centaines de francs; il demanda et obtint des habitants
l'extraction et le transport des matériaux, seul tribut auquel ils
pouvaient se soumettre. Malgré la modicité de ces moyens, ce
bon Curé ne balança pas à se mettre à l'œuvre, acceptant d'a-
vance tous les sacrifices nécessaires pour la faire réussir. On le
vit alors s'improviser tout à la fois entrepreneur, charpentier,
maçon. Il conduisait tout de son regard, de sa parole; les ouvriers, sous sa direction éclairée, bâtirent rapidement une
maison très remarquable pour la localité, et M. Meunier prit
possession de son nouveau presbytère aux applaudissements et
à la satisfaction de tous.

Cette œuvre accomplie, M. le Curé ne laissa point son zèle
se refroidir. Il voyait avec une profonde tristesse la pauvreté,
l'état de délabrement de la maison de Dieu; il rougissait de

jouir d'une habitation convenable, tandis que le Tout-Puissant n'avait pas de temple qui fût, sinon digne de sa grandeur, du moins propre à inspirer aux fidèles le respect, la foi, la piété. Afin de dissiper l'ignorance parmi ses paroissiens, M. Meunier s'était fait maître d'école ; maintenant qu'il occupe un local assez vaste, il veut fonder un pensionnat d'instruction secondaire. Il aura peut-être, parmi les jeunes gens que la Providence se chargera de lui confier, le bonheur de faire éclore quelques vocations sacerdotales ; mais sa pensée intime est de disposer du fruit de ses veilles et de ses peines pour l'église du hameau. Ainsi ce saint prêtre, dont la santé frêle et délicate aurait exigé des ménagements, du repos, se consacre à un nouvel apostolat durant un grand nombre d'années, afin de faire face aux dépenses énormes dans lesquelles il va s'engager pour l'honneur de Dieu et pour le salut des âmes.

La prudence humaine commandait à M. l'abbé Meunier d'ajourner son projet jusqu'à ce qu'il eût recueilli au moins une partie des fonds indispensables : c'était l'avis de toutes les personnes qui l'entouraient. Il pensa pouvoir, sans trop de présomption, ne point partager cette prudence. Il avait lu dans les livres saints que celui qui aurait de la foi comme un grain de senevé saurait opérer des miracles, transporter même s'il le fallait des montagnes, et il crut à la parole du divin Maître. Il avait hâte de témoigner à Dieu sa confiance et son amour. Un ouvrier habile, auquel il communiqua ses vues, dressa les plans et devis approximatifs de l'église ; ses chers paroissiens, appréciant le trésor que le Seigneur leur avait accordé dans sa miséricorde, s'offrirent à renouveler les travaux qu'ils avaient accomplis pour la cure. Alors la vieille chapelle succombe sous le marteau démolisseur ; on creuse les fondations du temple sacré ; les murs montent peu à peu et sont poussés jusqu'à la voûte ; contre l'abside est flanqué un élégant clocher qui lance majestueusement sa flèche au-dessus des chaumières, et au bout de quelque temps l'édifice est à son couronnement.

Voilà donc un vaisseau qui ne manque pas de grâce, où l'on découvre quelque réminiscence du style roman, providentiellement élevé pour devenir la maison de la prière. C'est en quelque sorte à un seul homme, au Pasteur du village qu'est due cette merveille !

Personne n'ignore que lorsqu'on bâtit une maison, église ou habitation particulière, les agencements et l'ameublement de l'intérieur forment une partie grave des frais de construction qu'il est de toute nécessité de prévoir. Dans la plupart des paroisses, c'est là cependant que viennent échouer les efforts des fidèles qui construisent une église. On s'impose extraordinairement, on amasse de fortes sommes qui seront employées à l'édification des murs; et quand il s'agit d'orner l'intérieur, les ressources étant épuisées, souvent on ne peut mettre la dernière main à l'édifice commencé. M. l'abbé Meunier n'aura pas ce mécompte. Toujours plus confiant en la divine Providence, sans égard aux lourdes dettes qu'il a déjà contractées, il veut compléter d'un trait son ouvrage. La petite basilique d'Oncieu est aussitôt ornée de tous les objets nécessaires au culte. On y voit trois autels en marbre blanc avec leurs accessoires obligés : le principal est remarquable par ses gracieux dessins du moyen-âge, dus à la bienveillance d'un jeune artiste que M. le Curé avait su intéresser à ses œuvres (1); une chaire à prêcher en bois, ayant des panneaux sculptés qui représentent les quatre Evangélistes. Dans la tour du clocher, deux belles cloches aux sons argentins animeront cette solitude et appelleront les fidèles à la prière. Bénitier, fonts baptismaux, chasubles, linges, bannières, chemin de la croix et plusieurs autres tableaux, etc., etc.: rien n'est oublié dans ce modeste sanctuaire.

Ah ! ce fut un beau jour pour le Pasteur et pour le troupeau que celui où Mgr Devie, le 3 août 1842, sanctifiait cette de-

---

(1) M. Loymarie, mort à la fleur de l'âge à St-Rambert, au moment où son goût si épuré allait le faire distinguer dans le monde artistique.

meure par les prières et les cérémonies de l'Eglise, et lui donnait rang parmi les temples du Très-Haut ! Le cœur du Pasteur surtout était inondé de joie. Il méritait cette douce consolation, car son courage avait été soumis à de rudes épreuves, et des contradictions, quelquefois amères, ne lui avaient pas été épargnées.

On demandera sans doute comment M. l'abbé Meunier a pu solder les dépenses du presbytère et de la cure d'Oncieu ? Nous l'ignorons : C'était le secret du bon Curé. Ce que nous savons, c'est que les charges presque tout entières ont pesé sur lui. Une souscription, il est vrai, avait été ouverte pour l'église, de même que pour la cure, mais elle avait eu un faible résultat ; le conseil municipal s'était engagé pour une somme de deux mille francs (2,000 fr.) payable en dix annuités. On aurait pu certainement appliquer à ces diverses collectes ce que saint André disait à Notre-Seigneur Jésus-Christ de quelques pains avant le miracle de leur multiplication : qu'était-ce que cela pour des frais si considérables ? Ce que nous savons, c'est que M. Meunier s'imposait les plus grandes privations en ce qui concernait sa personne, qu'il employait à désintéresser ses créanciers les fruits annuels de son pensionnat et une partie de l'indemnité qu'il recevait de l'Etat depuis que sa paroisse était reconnue officiellement, et qu'il ne craignait point d'entamer son léger patrimoine de famille. Ajoutons que Dieu, pour récompenser la foi si vive, le noble dévouement de son serviteur, avait suggéré à quelques âmes généreuses, surprises et édifiées de tant de vertu, la pensée de lui venir de temps en temps en aide par quelques offrandes ?

Une fois en possession de son église, M. le Curé d'Oncieu s'appliqua plus fortement encore que par le passé à faire fleurir la piété au milieu de ses ouailles. Instructions religieuses, fêtes solennisées avec pompe, auxquelles des confrères étaient souvent conviés ; exercices spirituels de mission ou de retraite, institution de confréries, appel à la fréquentation des Sacre-

_ents, classes de chant pour la jeunesse : tout a été employé par ce prêtre fervent, afin d'attirer les âmes à Jésus-Christ et de les faire marcher dans les sentiers de la vertu. Aussi à quelle transformation cette localité n'arriva-t-elle pas ? Les divisions, les jalousies, les haines qui la déchiraient disparurent, et, à leur place, on vit la charité, la douce paix, la fraternité vraiment chrétienne régner en souveraine. On aurait dit les enfants d'une même famille sous la direction d'un père bien-aimé. Ah ! que ces cœurs, si reconnaissants envers leur Pasteur quand il vivait avec eux, n'oublient jamais ses saintes exhortations, les exemples constants de vertu qu'il n'a cessé de leur offrir. C'est le seul gage d'affection qu'il ambitionne du haut du ciel où nous nous plaisons à le contempler.

M. l'abbé Meunier apportait journellement la sollicitude la plus empressée aux besoins spirituels de ses paroissiens ; toutefois il ne se croyait pas dispensé de les diriger, selon l'occurrence, dans la conduite de leurs affaires temporelles. Ainsi que le grand Apôtre, il se faisait tout à tous pour les gagner tous à Jésus-Christ.

Citons entre autres faits, deux qui sont relatifs à la commune d'Oncieu, et qui expriment la mesure de la charité intelligente de ce bon prêtre :

De temps immémorial, Oncieu avait la jouissance des bois qui couvrent une montagne du lieu, ressource importante pour chacun ; mais les limites n'ayant jamais été fixées d'une manière précise, de fréquentes difficultés surgissaient entre les habitants et les propriétaires voisins. M. le Curé veut faire cesser ces conflits toujours fâcheux aux yeux de la morale et de la justice. Il se livre à cet effet à d'actives et de longues recherches dans les divers dépôts de vieilles archives communales, spécialement à Chambéry et à Dijon. Il parvient à découvrir des titres qui justifient les prétentions de ses paroissiens, et il en use en homme de bien et avec l'expérience d'un jurisconsulte. A la suite de longs débats contradictoires, il obtient du tribunal de Belley, auprès duquel l'affaire avait été portée, un jugement qui confirme à la commune d'Oncieu la propriété de la montagne en litige (1).

Le village d'Oncieu manquait d'eau. Il fallait descendre, par une pente rapide, jusqu'au ruisseau qui coule au fond de la vallée pour y faire abreuver les troupeaux et en apporter l'eau indispensable au ménage. M. Meunier souffrait beaucoup de voir les habitants condamnés chaque jour à un service si pénible. On n'ignorait point que les flancs de la montagne du côté opposé contenaient une source abondante, mais l'idée seule des frais à faire pour profiter de cette richesse avait paralysé jusque-là toute tentative d'exécution. Cependant depuis long-temps M. le Curé méditait ce projet, et, le procès dont il vient d'être parlé était à peine fini, qu'il s'occupa sérieusement à le mettre à exécution. Il semblait avoir le pressentiment de sa mort (2), et ne pas vouloir quitter ses chers enfants avant de leur avoir accordé un dernier témoignage de son amour paternel. Avec ce coup-d'œil sûr qu'il apportait en toutes choses, il eut bientôt mesuré les obstacles à vaincre, compris à quelles dépenses il faudrait se résoudre. Il fit partager aisément aux gens d'Oncieu la conviction qu'il avait de réussir. A sa voix et sous sa direction, on ouvrit une tranchée le long de la montagne, dans le vallon et jusqu'au village; des tuyaux y furent immédiatement placés et le fossé recouvert. Depuis lors trois fontaines jaillissantes et intarissables distribuent largement au hameau d'Oncieu cet aliment précieux, si nécessaire à tous les usages de la vie domestique.

Mais il est un épisode de la vie de M. Meunier qui regarde un village d'une paroisse limitrophe d'Oncieu et qui révèle

---

(1) Par ses conseils et par ses démarches personnelles, M. l'abbé Meunier a eu la satisfaction de procurer dans une cause à peu près semblable, les mêmes avantages à *Villieux*, son pays natal, situé près de *Meximieux*.

(2) Elle est arrivée en effet un an à peine après l'accomplissement de ce travail.

mieux encore peut-être la richesse de la charité de cet ecclé-
siastique, son amour insatiable du bien.

La commune d'*Aranc*, canton d'*Hauteville*, compte dans sa
circonscription un hameau important nommé *Résinand*. De ce
lieu pour venir à l'église paroissiale, on doit franchir la distance
de près de cinq kilomètres rendue plus difficile par la traversée
d'une âpre montagne. Or, pendant plusieurs mois, c'est-à-dire
quand les frimats ont blanchi ou glacé le sol, les vieillards, les
femmes et les enfants ne peuvent se rendre aux offices les jours
de dimanches et de fêtes ; et si la neige vient à tomber les
hommes, même les plus valides, ne sauraient risquer une telle
course sans s'exposer à un danger imminent (1). Les habitants
de ce village laissaient souvent exhaler leurs plaintes d'être si
mal partagés eux et leurs enfants sous le rapport religieux. Ces
plaintes trouvaient un accès facile auprès de M. le Curé d'Oncieu et elles émurent son cœur de prêtre. — Résinand con-
tient à peu près 400 ames : ne pourrait-il pas avoir son église,
son presbytère, devenir une paroisse distincte ? — Telle est la
question que se pose M. l'abbé Meunier. — Mais vu la pauvreté
des habitants, il leur serait impossible de pourvoir à de telles
dépenses. — Cette considération n'arrête point l'homme de Dieu.
Ses dettes en faveur d'Oncieu sont éteintes, peut-être le Seigneur viendra-t-il encore une fois à son secours pour cette nouvelle œuvre. Il soumet ses inspirations à l'Autorité diocésaine
qui y applaudit ; M. le Curé d'Aranc consent à cette distraction
de sa paroisse : fort de ce double assentiment, M. Meunier se
rend à Résinand, y achète de ses deniers un terrain assez étendu
pour comprendre l'église, le cimetière et le presbytère avec ses
dépendances. Les plans et devis des constructions d'Oncieu lui
serviront de guide. Il se résout à mener de rechef une vie de

______

(1) Plusieurs prêtres, qui ont desservi cette paroisse, nous ont raconté
les dangers qu'ils avaient courus, les maladies contractées en venant
remplir en hiver les devoirs de leur ministère dans cette partie escarpée
de la commune.

privations; il s'établit encore mendiant auprès de personnes bienfaisantes et il continue l'austère métier de maître de pension. Des ouvriers sont appelés et se mettent à bâtir église et presbytère. A mesure que M. Meunier recueille des fonds, il fait ajouter quelques pierres. Dans cette expression de son immense charité, il lui faut lutter contre toutes sortes d'adversaires. Sa conduite est jugée avec une sévérité excessive. On le traite d'orgueilleux qui cherche la renommée, d'audacieux, de téméraire qui ne pourra mener à bonne fin cette folle entreprise. Tous les moyens paraissent lui manquer à la fois : mais rien ne peut abattre ce mâle courage, et à force de persévérance, quelques années après, il a le bonheur de conduire jusqu'au faîte ces deux édifices (1). O mystère de la charité sacerdotale ! O foi surhumaine préconisée dans l'Evangile, il est donc vrai que vous avez toujours la puissance d'enfanter des prodiges !

Ainsi, Résinand est doté à cette heure d'une église et d'un presbytère; l'intérieur même du temple renferme les choses les plus essentielles; Mgr l'Evêque est en instance auprès de l'Etat pour lui obtenir un titre curial, et la population de cette localité aura bientôt un pasteur. Hélas! ce jour fortuné de l'érection de Résinand en succursale ne lèvera pas pour M. le Curé d'Oncieu. Dieu, dans ses desseins cachés, n'a point jugé à propos de lui accorder cette légitime satisfaction. Pendant sa dernière maladie, voyant la vie lui échapper, M. l'abbé Meunier n'a pas oublié ce bien-aimé village. Il l'a recommandé au confident de son cœur, à l'exécuteur de ses dispositions testamentaires. Après des souvenirs affectueux aux siens et plusieurs legs à la fabrique d'Oncieu, le surplus de son hoirie servira à compléter l'ornementation de l'église de Résinand.

Si de ces faits généraux et majeurs, nous pénétrons dans la

---

(1) Les habitants de Résinand n'ont eu à supporter aucune charge, si ce n'est celle du transport des matériaux et quelques rafraîchissements accordés de temps en temps aux ouvriers.

vie privée de M. l'abbé Meunier, nous découvrirons en lui toujours le bon, le vertueux, le dévoué prêtre. Il n'est pas une famille d'Oncieu, il n'y a pas même un habitant qui n'ait à le remercier d'un service rendu, d'un bienfait accordé. M. le Curé était vraiment l'ami intime de l'enfance et de la jeunesse, le soutien du faible, le consolateur de l'affligé, la providence du pauvre, le conseil de chacun. Son âme éprouvait un besoin indicible de se répandre et la vue d'une bonne œuvre le trouvait toujours prêt à tous les dévouements. Souvent et jamais en vain, on venait dans les circonstances critiques implorer ses lumières, sa protection ; nuit et jour le presbytère d'Oncieu était ouvert au malheur.

Que d'anecdotes touchantes nous pourrions raconter, si les étroites limites que nous nous sommes prescrites le permettaient ! Combien de fois son intervention auprès des dépositaires de l'Autorité n'a-t-elle pas servi à rendre la sécurité à des familles inquiètes et malheureuses ! Ici c'est une mère désolée de la vie dissipée de quelques-uns de ses enfants, que le bon Curé console, rassure, et il parvient à force de démarches paternelles à faire rentrer cette jeunesse dans le droit sentier ; là, un père de famille dans la gêne, que le Pasteur dégage des étreintes de ses créanciers. Tantôt c'est un homme qui, succombant par occasion à une tentation mauvaise, a encouru la sévérité des lois et dont la peine est adoucie ; ailleurs, des voisins, animés les uns contre les autres pour quelques parcelles de terre disputées, vont glisser dans la pente funeste des procès : la parole calme, persuasive, impartiale de M. le Curé d'Oncieu ramène la paix, l'union et dissipe jusqu'au plus léger vestige de discorde. Partout ses pas sont marqués par quelque acte de sagesse, de bienfaisance.

Le Seigneur avait ménagé à M. l'abbé Meunier un puissant appui au milieu des travaux incessants et de toutes sortes qui se sont partagés son existence : il a connu les douceurs de l'amitié. Son cœur si droit, si aimant comptait beaucoup d'amis parmi ses confrères et les laïques, quelques-uns dévoués à tout épreuve. La simplicité de ses manières, l'assurance d'un accueil toujours gracieux faisait affluer fréquemment, vers le village d'Oncieu, des visiteurs de toutes classes. Il n'est peut-être pas de presbytère, dans notre diocèse, qui ait autant exercé l'hospitalité. Quelquefois plusieurs, venant de divers points, se rencontraient là sans être attendus et le maître du logis les acceptait toujours avec amitié et reconnaissance. Un jour MM. les Missionnaires du diocèse, au nombre de douze, projetèrent, comme une partie de plaisir, de récréation, une course à Oncieu. On envoya une lettre d'avis et les voyageurs peu après de la suivre ; mais ils franchirent la distance plus lestement que leur messagère, et M. le Curé ne fut instruit de leur visite que par leur arrivée. C'était le soir, et il n'y avait presque pas de provisions au presbytère. Tout autre aurait été quelque peu décontenancé. M. Meunier reçut ses hôtes avec sa gaieté habituelle ; il s'excusa d'être pris au dépourvu, s'empressa de faire préparer un frugal repas et de procurer à chacun un gîte pour la nuit. Assurément, la soirée ne se passa pas sans agrément. Il en était toujours de même. On ne pouvait poser le pied sur le seuil de cette demeure, au dire d'un Curé voisin le jour des funérailles de M. Meunier, sans croire *être chez soi* : expression qui peint la bonté, l'aménité de cet excellent prêtre.

Une vie si belle ne pouvait finir autrement que dans l'exercice de la charité : M. le Curé d'Oncieu a eu ce privilége. Depuis longtemps sa santé chancelante inquiétait ses amis ; on lui conseillait des adoucissements, d'éviter toute fatigue, mais son cœur ne pouvait souscrire à de tels conseils. Sur la fin de février 1863, plusieurs courses qu'il fit à St-Rambert, sous un soleil brûlant, pour visiter le père d'un de ses confrères dangereusement malade, ensuite pour assister à ses obsèques et consoler une famille en deuil, occasionnèrent des sueurs abondantes suivies d'un refroidissement. Le dimanche suivant, M. Meunier célébra les offices avec grand'peine. A la messe, comme s'il eût prévu sa fin prochaine, il prêcha sur la mort. Il rappela à ses chers paroissiens, avec l'onction qui lui était naturelle, que toutes les agitations de ce monde aboutissent au trépas; qu'à cette heure décisive nos bonnes œuvres, nos vertus seules auront quelque prix, pèseront favorablement dans la balance du Souverain Juge; combien par conséquent nous devons nous appliquer à éviter le péché, à faire le bien pendant que le temps nous en est donné. Nobles paroles d'un vrai Pasteur qui tenait à laisser à ses ouailles, avant de les quitter, une pensée profonde, un enseignement solennel. Deux jours après, le mal se déclara et il agit avec une telle intensité que le samedi suivant, 7 mars, malgré les prières que toute une population désolée adressait au ciel, et les secours de l'art prodigués par un habile médecin, son ami, l'âme de ce vertueux prêtre, fortifiée par les Sacrements de l'Eglise, pleine de sérénité, d'espoir et d'amour prit son vol de cet exil vers un monde meilleur. Il était âgé de 60 ans.

La nouvelle de la mort de M. l'abbé Meunier se répandit avec la promptitude de l'éclair, et elle jeta la consternation parmi les habitants d'Oncieu. Hommes, femmes et enfants se précipitèrent aussitôt vers le presbytère pour contempler encore une fois les traits de cet homme incomparable, baiser ses mains qu'il avait tant de fois levées lui-même pour bénir, et faire toucher à son corps des objets de piété auxquels on attribuait, par cet attouchement, une vertu particulière. La chambre mortuaire ne désemplit point pendant les 48 heures qui séparèrent la mort de la sépulture. On formait comme une garde d'honneur auprès de cette dépouille mortelle, et les heures s'écoulaient dans les pleurs et dans l'exercice de la prière. Nous avons été témoin nous-même de ce spectacle attendrissant : c'était une famille éplorée qui ne pouvait se séparer de son chef vénéré.

Les funérailles eurent lieu le lundi, 9 mars, avec toute la pompe permise par les ressources de la localité et au milieu d'un grand concours de prêtres et de laïques venus des communes environnantes. Suivant un usage antique, le cortège parcourut les divers chemins du hameau ; les confréries précédaient le corps, les hommes de tous rangs, munis de flambeaux allumés, l'entouraient, et une foule immense marchait à la suite. Le vénérable défunt, dont les traits étaient restés calmes (le cercueil était ouvert), semblait, en passant devant chaque maison, répéter le cri de toute sa vie : Vivez pour Dieu, afin de mourir en Dieu, dans les bras de son amour. M. l'abbé Gamet, archiprêtre du canton, pendant la messe, montra à l'auditoire recueilli, par des paroles sorties de son cœur, que M. le Curé d'Oncieu *avait passé* sur cette terre, de même que Notre-Seigneur Jésus-Christ, *en faisant le bien*. Après l'absoute, on conduisit le corps vers le caveau préparé par la piété des habitants.

Les dernières prières dites, un ami du défunt, se faisant l'interprète de tous, M. Chäppüy, percepteur de St-Rambert, prononça, avec une émotion difficilement contenue, les paroles suivantes :

« Qu'est-il besoin, Messieurs, de rompre le silence de cette enceinte de la mort, pour payer un tribut de regrets à ce bon Curé que nous avons tant aimé, que nous pleurons tous ?

« Ce nombreux Clergé qui entoure cette tombe, cette population en deuil qui accompagne le cercueil et l'arrose de ses larmes, disent bien éloquemment la perte que fait cette paroisse. Il serait inutile, pauvres habitants d'Oncieu, de vous la faire comprendre, car le sentiment de la reconnaissance vibre dans vos cœurs. Voyez tout ce que ce respectable Prêtre a fait pour vous : Eglise, presbytère, fontaines, etc., avec quel dévouement il a soigné vos intérêts spirituels, il vous a appris à remplir vos devoirs. Rappelez-vous ce qu'était votre village avant sa mission vivifiante ; son ardente charité vous a éclairés de cette lumière qui défend les querelles, les dissensions, les haines pour de misérables intérêts; il vous enseignait par son exemple à vous aimer les uns les autres.

« Il était le père des pauvres!

« Pendant 26 ans, M. l'abbé Meunier vous a servi de médiateur entre le ciel et la terre; ne perdez jamais de vue ses leçons, que son nom soit sans cesse béni parmi vous!!

« C'est bien à lui que s'applique l'Evangile du bon Pasteur: Il a connu toutes ses brebis et toutes ses brebis l'ont connu.

« Son zèle pour la gloire de Dieu, son amour du prochain étaient sans bornes. Levez les yeux vers cette montagne de *Résinand* : n'apercevez-vous pas et l'église et le presbytère qu'il y a fait bâtir? Habitants de ce hameau, vous avez perdu le plus insigne bienfaiteur. Pleurez-le, mais ne l'oubliez pas!!

« Vénérable prêtre du Seigneur, recevez les derniers adieux de vos paroissiens et l'expression de leur reconnaissance pour tout le bien dont votre inépuisable charité les a comblés. Votre mémoire leur sera toujours chère, parce qu'à l'imitation du divin fondateur de notre sainte Religion, vous avez fait du bien partout où vous avez passé. Tant de bonnes œuvres méritaient récompense; Dieu vous l'a déjà donnée. Du haut du ciel, priez pour vos paroissiens, priez pour vos amis!! Qu'il me soit permis à moi, votre ami sincère, de vous faire mon dernier adieu de ce monde, avec cette douce consolation que nous nous reverrons dans une vie meilleure, dans cette vie où l'on ne meurt plus, dans cette vie que la foi nous montre et que l'espérance nous promet.

« Adieu! Adieu!!! »

Cette allocution pathétique, interrompue plusieurs fois par les sanglots de l'assistance, a terminé la pieuse cérémonie. Chacun s'est retiré en silence, emportant dans son cœur la bonne odeur des vertus de M. le Curé d'Oncieu.

Que pourrions-nous ajouter à ce qui précède? L'exercice continuel du dévouement a été la passion favorite de M. l'abbé Meunier. Il s'est fait pauvre afin d'enrichir ses frères, et il est mort pauvre comme il avait vécu. Il a fallu recourir à la vente de son chétif mobilier pour accomplir quelques-unes de ses pieuses intentions. Voilà ce prêtre tel qu'il a été. Il avait étudié, il avait compris Jésus-Christ, le dépouillé, le pauvre par excellence. Puissent les exemples héroïques qu'il nous a laissés nous faire estimer toujours davantage le prix des âmes et l'amour du sacrifice!

**L'Abbé GIRARD,**
*Chanoine de Belley.*

Belley, LEGUAY, Imprimeur.